LA
RÉPUBLIQUE RÉFORMISTE

ET LA

RÉPUBLIQUE RÉVOLUTIONNAIRE,

PAR

ALDEBERT DE CHAMBRUN.

Paris,

AMYOT, LIBRAIRE,

RUE DE LA PAIX.

1848.

A la veille d'une révolution : dans le mouvement ;

Au lendemain d'une révolution : dans la résistance ;

C'est en deux mots toute ma politique.

Je suivais mon cœur,

J'obéis à la raison.

Quant à l'intérêt, c'est-à-dire au pouvoir, j'étais à sa gauche et je passe à sa droite, il importe peu.

PRÉFACE.

Une nation qui n'a qu'un gouvernement provisoire aspire et ne peut pas ne pas aspirer à un gouvernement définitif.

Le gouvernement définitif de la France dépend de la constitution, et il en est la première question.

La constitution dépend de l'Assemblée nationale, et elle en est la première question.

L'Assemblée nationale dépend des élections.

Les élections donc, et dans les élections la question du gouvernement : voilà le principal.

Or, il n'y a que deux idées :

Un gouvernement républicain réformiste ;

Un gouvernement républicain révolutionnaire.

Un gouvernement républicain révolutionnaire, c'est-à-dire un gouvernement qui soit une révolution et qui révolutionne tout, qui ne réforme rien, c'est-à-dire une assemblée unique, exerçant à la fois tous les pouvoirs.

Un gouvernement républicain réformiste, c'est-à-dire un gouvernement qui soit une réforme et qui réforme tout, qui ne révolutionne rien, c'est-à-dire, à côté d'une assemblée souveraine, un sénat qui conserve et un président qui préside.

Il faut être républicain réformiste.

LA RÉPUBLIQUE RÉFORMISTE

ET

LA RÉPUBLIQUE RÉVOLUTIONNAIRE.

Non per saltus.

La loi de l'humanité dans la civilisation moderne est de commencer par des révolutions et de finir par des réformes.

Une révolution est une idée nouvelle qui, en faisant son apparition dans un point de la durée et de l'espace, c'est-à-dire parmi les idées anciennes, ne tient aucun compte, ou que bien peu de compte, de ces mêmes idées, et précisément à cause qu'elle n'en veut point et n'en peut point tenir compte ; il y a en elle de la violence, des larmes et du sang.

Une réforme est une idée nouvelle qui, en faisant son apparition dans la vie d'un peuple, se met en rapport avec la vie de ce peuple, sa vie intérieure et extérieure.

Dans la civilisation du moyen-âge il y avait peu de raison, peu d'égalité, peu de liberté ; dans la civilisation moderne, il y en a beaucoup au contraire ; or, la raison participe de la providence de Dieu ; son caractère est l'immensité qui comprend et accepte toutes choses et les concilie toutes, son procédé est la perpétuité du progrès qui jamais ne se hâte et ne s'arrête jamais ; mais quand la raison n'était point dans le monde, ni son caractère, ni son procédé ne pouvaient y être, et le monde a dû commencer par des révolutions.

Les gouvernements se tenant d'un côté, les sociétés d'un autre, et dans les sociétés les hommes d'initiative et de génie, ne développant leurs doctrines que dans l'isolement, et ne les donnant au monde que comme des théories et des philosophies, sans aucune expérience et sans aucune pratique des choses, des faits, de la réalité, il en arrivait plus de courage et d'audace que de sagesse et de prudence. Dans les pays libres, au contraire, les idées mises en commun par l'examen et la discussion perdent quelque chose de leur âpreté philosophique et de leur sauvage orgueil ; rapprochées des faits, de l'exécution, appelées au gouvernement, elles tiennent autant de compte du possible que du vrai, de l'expérience et des traditions que de l'idéal.

Cependant que, par l'égalité, les gouvernements et les sociétés se rapprochent de plus en plus, pour former de grandes masses et un grand tout, que le vent des révolutions peut soulever et déplacer, mais qu'il ne saurait renverser et enlever.

Aux États-Unis d'Amérique, dans un monde nouveau, une société, qui n'avait ni puissants voisinages ni vieilles traditions, a pu, par un seul et grand effort, fonder l'idée nouvelle dans sa forme la meilleure et la plus pure, c'est-à-dire dans la forme républicaine. La lutte avec l'Angleterre a duré neuf années, elle a été autant une guerre qu'une révolution, et, depuis ce temps, les États - Unis d'Amérique ont accompli leur destinée comme il convient de les accomplir à un peuple grand et libre, c'est-à-dire avec courage, mais aussi avec prudence ; et, selon les lois du développement successif et continu. Ils ont même respecté deux institutions bien contraires à l'esprit démocratique, non-seulement l'esclavage, mais aussi le fédéralisme, cette atteinte grave au principe moderne et républicain de l'unité. C'est que les treize États avaient été fondés et gouvernés à part ; c'est que l'esclavage était reçu en Amérique, et quelque jeunes, quelque faibles que fussent ses origines, la nouvelle société en dut tenir compte et les accepter; tant il est vrai qu'un peuple ne saurait rompre avec lui-même, tant il est vrai qu'une civilisation porte longtemps l'empreinte de la civilisation qui l'a précédée, et qu'à vouloir effacer cette empreinte, il n'y aurait ni sagesse, ni raison, car elle n'empêche d'ailleurs ni la grandeur, ni la gloire, ni le progrès.

En Angleterre, l'égalité et la liberté, une certaine liberté, une certaine égalité, ont eu plus de peine à s'établir, et il leur a fallu soutenir de plus longs et de plus difficiles combats; leurs triomphes ont été mêlés de revers. Pour avoir tout entrepris et tout osé, l'esprit de la révolution a été vaincu, et il ne s'est relevé des humiliations d'une Restauration qu'à la condition de compter davantage avec la Royauté et l'aristocratie; l'aristocratie surtout, qui avait dans le sol de l'Angleterre de si vieilles, de si profondes et de si nationales origines. Ça été le génie de la révolution de 1688 d'accorder l'esprit ancien avec l'esprit nouveau, d'être autant une réforme qu'une révolution, et de terminer en Angleterre l'ère des révolutions pour commencer celle des réformes. L'Angleterre y a gagné d'être la première puissance du monde, sous le triple rapport du commerce, de la marine et des colonies.

Mais ce qui était difficile en Angleterre était pour la France bien plus difficile encore ; il y a plus d'esprit de suite chez les peuples du Nord que chez ceux du Midi ; il y a plus d'esprit net, précis et pratique chez un peuple insulaire que dans un grand continent ; et au-delà de notre géographie et de notre climat, nous avions encore nos vieilles origines des Gaules, c'est-à-dire les entraînements subits et les prompts découragements, la facilité à tout entreprendre et à tout abandonner : de là les gloires, les tristesses et les vicissitudes de notre histoire.

En 89, nous avons tenté, mais à notre façon, ce qu'avaient essayé les Anglais en 1640, nous y avons succombé comme eux. L'idée nouvelle n'a voulu tenir compte ni de l'ancienne France, ni de l'Europe ; et, non-seulement elle n'en a point voulu tenir compte, mais elle a voulu tuer et l'Europe et la France par la terreur et la guerre : c'était une nécessité. Nul n'est sage avant l'égalité et la liberté. Il n'y eut qu'une bien faible et cependant bien remarquable sagesse, ce fut d'aller chercher jusques dans les républiques de la Grèce et de Rome la terre ferme de l'expérience dont on ne voulait point au-delà, et de s'inspirer de leurs souvenirs, de leurs exemples et de leurs vertus. On cherchait les Gracques, les tribuns et le peuple, — on rencontra César, — et après César, l'Europe, et l'ancienne France, et l'aristocratie, et la royauté, et la restauration.

Ce fut à refaire : mais en 1830 nous avions pour nous le grands progrès accomplis, et l'exemple de 89 et l'exemple des États-Unis et de l'Angleterre. Il y avait trois partis à prendre, la régence, la république, et une monarchie entourée d'institutions républicaines ; un autre peuple aurait pu prendre le premier, nous aurions pu prendre le second ; il se fit un accommodement entre le génie de l'humanité et le génie de la France, entre la révolution et la réforme, nous eûmes le Gouvernement de Juillet, c'était le Gouvernement le meilleur. Pour le pouvoir juger deux conditions sont nécessaires : la première de le mettre à part du gouvernement de 1840, et la seconde de ne pas le comparer avec un certain idéal de gouvernement, mais avec les autres gouvernements de l'Europe et de la France ; on reconnaîtra alors qu'au lendemain d'une révolution il accomplit deux grandes choses, deux choses qu'au lendemain d'une révolution bien autrement révolutionnaire, il est vrai, Napoléon a été impuissant à accomplir aussi bien l'ordre au dedans, la paix au dehors.

Mais la paix devint l'abaissement de la nation devant l'étranger, et l'ordre, la contre révolution ; jusques-là que l'un des premiers droits politiques, le droit de réunion, qui n'était autre qu'une nécessité du droit de pétition, qu'une nécessité du droit d'élection, et qu'une nécessité de la souveraineté nationale, base de la constitution, fut condamné dans le passé par le roi, la chambre des pairs, la chambre des députés, et par là même et indivisiblement violé dès alors dans l'avenir, avant qu'il ne le fut décidément par les ministres que soutenaient ce roi, cette chambre des pairs et cette chambre des députés ; ils en étaient arrivés là que non-seulement ils se perdaient eux-mêmes, mais avec eux toute royauté, toute pairie, toute députation, c'est-à-dire, toute la Constitution de 1830.

La Souveraineté nationale fut rendue à elle-même : comme en 1830, elle avait trois partis à prendre ; la régence, la république révolutionnaire, la république réformiste. Comme en 1830 aussi et du même droit et de la même politique, la régence a été écartée ; et après dix-huit années de progrès apparent ou réel, dans le pouvoir ou dans la société, la république a pu, a dû être proclamée. Depuis elle a été acceptée par la durée, par la France, par l'Europe, et sa légitimité s'est consommée.

Dès lors, l'Assemblée nationale, convoquée au nom de la république et par la république, ne saurait la mettre en question sans se mettre en question elle-même, elle n'en peut point, elle n'en doit point délibérer.

Deux républiques sont possibles, la république réformiste, la république révolutionnaire, la république avec trois pouvoirs, la république avec un seul pouvoir.

Il y a à penser que plus vieille de dix-huit années qu'en 1830, la France ne fera point ce qu'elle n'a point fait alors et ne prendra point le parti le plus extrême comme en 89; il y a à penser que l'expérience des États-Unis et de l'Angleterre ne sera point non plus perdue pour elle, et qu'elle renoncera à courir les grands hasards et les grandes aventures, pour se faire une vie plus digne d'elle et plus digne de l'humanité.

Dans la Constitution de 1814, il y avait trois pouvoirs : une royauté de son propre droit, une aristocratie de son propre droit, et une chambre des députés concédée et octroyée.

Dans la Constitution de 1830, il y avait trois pouvoirs : une royauté de son propre droit et du droit de la nation, une chambre des pairs de son propre droit et du droit de la nation, et une chambre des députés du droit de la Souveraineté nationale.

Dans la Constitution de 1814, le principe était le roi.

Dans la Constitution de 1830, le principe était le roi et la nation.

Dans la Constitution de 1848, le principe sera la nation.

La nation s'est posée seule, inviolable, sacrée ; elle doit du fond d'elle-même et de sa souveraineté faire sortir un gouvernement qui lui soit égal et identique, un gouvernement qui la représente toute entière, rien de plus, rien de moins.

Or, la nation n'a point eu seulement les trois révolutions de 89, de 1830 et de 1848, elle a eu la Royauté, l'Empire et le Dernier Règne ; la Royauté, l'Empire et le Dernier Règne sont des formes à jamais emportées, mais le fond en est l'ordre, et il le faut allier dans le nouveau gouvernement à l'esprit de liberté de nos révolutions.

Il y faut allier les éléments de mouvement et les éléments de résistance, toutes nos forces, nos forces d'agir et nos forces d'empêcher, sans préférence comme sans exclusion ; ceux qui ont peu veulent agir beaucoup, ils recherchent et ils aiment les hommes de mouvement, ceux qui ont beaucoup au contraire veulent agir peu, c'est là la nature et la destinée des uns et des autres, il en faut tenir compte également. La nation n'est point le peuple, elle est la nation, c'est-à-dire les travailleurs, les positions inférieures, les positions moyennes, les hautes positions territoriales, financières, industrielles, les grands corps de l'Etat ; le gouvernement doit être la nation.

C'est ainsi qu'il y a l'armée à côté des gardes nationales, la magistrature à côté du jury, les fonctionnaires à côté des conseils.

Sans les gardes nationales, le jury et les conseils, il n'y a point de liberté, c'est le régime des états despotiques.

Sans l'armée, la magistrature et les fonctionnaires, il n'y a point d'ordre, ce serait le régime de l'anarchie ; et ce qui est vrai de l'état militaire, administratif et judiciaire l'est également de l'état législatif.

Dans la Constitution de 1848, il doit y avoir trois pouvoirs : un pouvoir souverain, un pouvoir conservateur, un pouvoir neutre ; une chambre des représentants, un sénat, et un président qui préside (1).

---

(1) Un président qui préside, c'est-à-dire un pouvoir intermédiaire, inactif, neutre, est l'ancienne idée que poursuivait vainement, sous la Restauration et sous le Dernier Règne, le parti libéral. Elle date, en France, de la première révolution et de Sieyès, c'est-à-dire de la tête la plus fortement constitutionnelle. L'Angleterre s'en trouve bien. Et, à son défaut, les États-Unis d'Amérique s'exposent au conflit d'une Chambre des Représentants qui veut ou ne veut pas, et d'un Président qui, en sens inverse, n'exécute pas ou exécute la guerre du Mexique, et à bien d'autres conflits.

Nous savons alors quel est notre point de départ et notre but, quelle est notre nature et quelles sont nos destinées ; nous partons de 1830, comme 1830 était parti de 1814, et 1814 d'une alliance entre l'esprit ancien et l'esprit nouveau ; nous suivons notre marche au travers des âges des nationalités et des civilisations, nous portons la fortune du monde, la république conservatrice.

C'est la force de la raison et c'est la force de l'histoire, qu'il en advienne ainsi pour le bien de la France.

Cependant nous sommes au lendemain d'une révolution, et le gouvernement provisoire est né de cette révolution, entouré de cette révolution, c'est sous son influence, sous ses commissaires et ses circulaires que seront faites les élections, que sera convoquée l'Assemblée nationale.

Il faut de l'intelligence : il faut que nos fronts s'élèvent au-dessus du flot des événements de chaque jour et que nous sachions regarder d'un œil constant et ferme, les horizons du passé et les horizons de l'avenir.

Nous avons eu de grands révolutionnaires au nom de la liberté, Vergniaud, Danton, Saint-Just, Robespierre, nous avons eu de grands révolutionnaires au nom de l'ordre, Napoléon et aussi le Dernier Roi, c'est à peine si nous avons eu un grand réformateur, Mirabeau ; tous les autres, Royer-Collard et Benjamin-Constant, Thiers et Barrot ont été vaincus hier au nom de l'ordre, aujourd'hui au nom de la liberté.

La France demande une idée de réforme et un grand parti de républicains réformistes, cette idée et ce parti existent entre les anciens conservateurs d'un côté et les nouveaux démagogues de l'autre, entre le *Journal des Débats* et le Journal *la Réforme* ; la retraite d'ailleurs peut instruire les premiers et le pouvoir enseigner les seconds, les uns et les autres peuvent apprendre et oublier, il faut le leur souhaiter.

Il faut le souhaiter bien plus encore à la France et à la jeune république, qu'il y ait enfin dans ses institutions nouvelles, assez de place pour recevoir la providence, assez de génie pour tout comprendre, assez de force pour ne jamais tomber.

Jamais révolution, son principe une fois posé, et ce principe et double et un.

Plus de Roi, principe gouvernemental.

Le Peuple, principe social.

Jamais révolution n'a mis autant de temps à se reconnaître, à savoir d'où elle venait, ce qu'elle était, où elle allait.

Jamais révolution n'a produit plus lentement ses idées.

Le huitième jour de cette révolution j'ai essayé de déterminer son principe gouvernemental, et j'en ai donné une formule, LA RÉPUBLIQUE TRIPLE ET INDIVISIBLE.

Une chambre des représentants, pouvoir souverain,

Un sénat, pouvoir conservateur,

Un président, pouvoir neutre.

Aujourd'hui et devant les élections, je prouve cette formule par une seule idée : l'idée que les révolutions doivent devenir des réformes.

Plus tard et devant l'Assemblée nationale, je prouverai cette formule par d'autres idées. Aujourd'hui il n'y a point assez de clairvoyance dans les esprits, ils se laissent abrutir par les évènements.

24 mars 1848.

Paris.—Typ. de A. APPERT, Passage du Caire, 54.